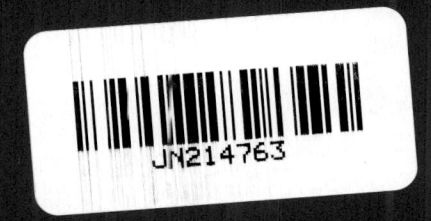

萬田久子
オトナの
お洒落術

Hisako Manda Fashion Book

KODANSHA

Manda's *Fashion Tips!*

ずっとお洒落を楽しむために……

長く愛せるものが好き♡　ちょっぴり人と違うのって素敵じゃない!?
ふと思えば、私の人生、どんなシーンにも
ファッションがありました。洋服に対する好奇心はどこまでも……。
お洒落の経験値を上げてきた今、
見つけたのは新しい自分スタイル。
ずっとファッションを楽しむために。
萬田久子流４つのFashion Tipsをご覧あれ～！

ニットワンピース／アライア
ナイロンチュールスカート／コムデギャルソン
ストローハット／アキオ ヒラタ オウコ
パールリング／作家もの

コート／メゾン マルジェラ
オールインワン／ジルサンダー
ストローハット／アキオ ヒラタ オウコ
バッグ／ジルサンダー
サンダル／ペドロ ガルシア
バングル／ティファニー
リング／ルイ・ヴィトン

Manda's
Fashion Tips!
1

「思えば私は、ずっと服の虜」

幼い頃から私の生活の一部になっていたファッション。

母は洋裁を仕事にしていて、映画で見た衣裳を真似て、足踏みミシンで服を作っちゃう人だったんです。その姿を隣で眺めるうちに洋服が大好きになった私は、19歳で初めて「コムデギャルソン」の服を購入。美しいデザインや袖を通した時の高揚感に魅せられて、いつの間にかファッションの虜に！　若い頃は流行が好きで、「去年の服じゃ時代遅れかな〜」と思うこともあったけれど、どれも思い出があるから捨てられず、クローゼットはいつの間にかパンパンに（笑）。だからこそ、今お洒落が楽しいの。時代を超えて、好きな服は好きなの。流行に左右されすぎるのではなく、長年付き合ってきた服と、新しく迎える服が出会う……。Nice to meet you♡なのよね。

Manda's *Fashion Tips!* 2

「ファッションは健康のバロメーター」

元気な時のほうがコーディネート力がアップして、ピンヒールを履く気にもなる。気分がダウンしている時はボディラインが出るような服を着て、気を引き締めることも。ファッションは本当に分かりやすい〝健康のバロメーター〟ね。

私は自宅で、鏡の中の自分にこんなふうに声をかけます。「あら、いいじゃない！」「その服、似合ってるわよ」。〝嘘も方便〟というように、自分を化かす嘘、かばう嘘はいいんじゃないかしら？ それで自信を持って、萬田久子ができあがる♡

ファッションを美しく見せるのは、スタイルの良さではないと思うの。個性が活きたお洒落であれば、魅力的に映るはず。たまに「あなた30年前の服が入るのね～」なんて言う人もいるけれど、着たいならボディメイクを。無理だと思えばサイズを上げてお洒落を楽しめばいいだけ！ どちらにしても自分の人生。自分が幸せって思えるお洒落を楽しめたら良いんじゃないかな。

Manda's
Fashion Tips!
3

「バランスをお忘れなく♡」

ファッションは一貫して、バランスが大事だと思うんです。たとえばジャケットの袖を捲って抜け感を出したり、コートの上にベルトをキュッと締めてメリハリをつけたり、バランス次第でいくらでも素敵になるわよ。“温故知新”っていう言葉があるけど、古いものに目を向けて新しい発見を得ることもバランスじゃない？『セックス・アンド・ザ・シティ』や『ティファニーで朝食を』といったドラマや映画はいつ観てもお洒落のヒントがたくさん！ ブランドにこだわらず自分の目利きでHIGH&LOWをミックスしたり、いつもの装いに今っぽいアイテムを迎えたりすることもバランス。凝り固まった価値観を捨てて心地よい変化を楽しむこと。人間の中身もそうね、人生すべてはバランスね！

Manda's *Fashion Tips!* 4

「"いい年して"は禁句！」

周りからの見え方にとらわれて、年齢と共にお洒落を諦める人もいるけれど、「いい年してさ、って言われるのが恥ずかしい」というのは、自分に対するエクスキューズ（言い訳）だと思う。人からどう見られるかより、自分が満足することを大切に。ベクトルは他人じゃなく自分に向けたほうが、人生はずっと幸せよ！

せっかく褒めてくれているなら謙遜なんてしなくていいの。「なるほど、こんな感じが素敵に見えるのね！」と素直に受け止めたら、必ず自分のプラスになっていくの。"いい年して"はもう禁句で♡

トレンチコート／ヨウジヤマモト
スパンコールスカート／アリス アンド オリビア
刺繍チュールスカート／ニムデギャルソン
スエードパンプス／クリスチャン ルブタン
ハット／エイチ.エイティー ブラックレーベル
ビジューリング／メゾン マルジェラ

「HERS」2008年11月号／©光文社

2008

2003

1962

1975

1982

1989

「HERS」2013年3月号 ©光文社

2013

Life is fashion!!

人生はファッションとともに……

コンサバもモードも自分らしく！　人生を楽しむカギはファッションでした。

2017

2024

2020

Contents

※本書の衣裳はすべて個人の私物となります。ブランド名をご紹介していますが、メーカー等にお問い合わせされても、現在お取り扱いがない場合がございます。あらかじめご了承ください。

※ブランド名は購入当時の表記に基づいています。

UGG

Black is Magic!

Chapter 1

年を重ねたら
黒を“まやかし”に

シックで上品、なのに際立つ存在感。そんな“地味派手”な
魅力がある黒は、私の定番カラー。そして今、
お洒落をする上での“まやかし”にもなっているの。
若いパワーだけで服を着られていたあの頃とは違うから、
お洒落するのに億劫な日もあるもの。
そんなアンニュイな日に、暗示をかけるように自信を
与えてくれるのが、黒。映えて便利で、いつでもお洒落に
キマる、まさに“コンビニエント・カラー”なのです。

Black Style 1

異素材の掛け合わせを遊べる黒ならではの「引き算」

アヴァンギャルドなスカートを軸に個性的なアイテムを掛け合わせたオールブラックのコーディネート。ベロア、レザー、ファーと大好きな素材をたくさん掛け合わせても、ごちゃごちゃ感を削ぎ落とす黒なら「引き算」ですっきりとまとめてくれる♡

ベロアトップス／ノーブランド
スカート／ヨウジヤマモト
ファー帽子／マーク ジェイコブス
ロングブーツ／プラダ
チェーン×ボールバッグ／ノワール ケイ ニノミヤ
バングル／ティファニー

Black Style 2

マスキュリンとフェミニンが同居する細身の黒スーツ

スーツ／セオリー
ノースリーブシャツ／バジュラ
ハット／アキオ ヒラタ オウコ
コンビシューズ／クリスチャン ルブタン
日傘／ヨウジヤマモト
リング／作家もの

細身シルエットの仕立てが美しい、
都会的でマスキュリンな
セオリーのパンツスーツ。
黒だからこそ縦のラインをより強調し、
引き締めてもくれてスタイルアップに
繋がります。時にオックスフォード、
時にピンヒールと、
靴を替えると所作まで変わるのよ。

Black Style 3

黒の質感を重ねて
ボリュームのある
シルエットを軽やかに

黒は質感のコントラストが生きる色。
素材や光沢によって表情が異なるから
重ねて遊んでこそ楽しい色なの。
ロングワンピースにゆったりとした
アウターを合わせれば、奥行きのある
レイヤードが完成。サンダルで素足を
覗かせて抜け感を作るのもポイント。

コート／プラダ
ワンピース／シーエフシーエル
スマートフォンケース／シャネル
サンダル／ジバンシィ
ブレスレット／アライア
リング／マユミムラサワ

Black Style 4

―

黒×白がもたらすメリハリと甘辛な化学反応が好き

フリルトップス／ジルサンダー
パンツ／アライア
レザー帽子／アキオ ヒラタ オウコ
サンダル／アレキサンダー ワン
ネイルグローブ／ヨウジヤマモト
バナナバッグ／メリッタ バウマイスター
チョーカーネックレス／エルメス

立体感のあるモードなパンツも、
着慣れた黒だとはきこなしやすいのよ。
私は白のフリルトップスを合わせて、
甘辛なケミストリーを楽しんでいます。
遊びゴコロのある帽子やバッグで
装いと気分を盛り上げるのが楽しいの。

Black Style 5

美しく流れるラインがドラマティックな漆黒のレースドレス

上質な総レースがボディラインを艶やかになぞり、ドラマティックに気分を上げる黒のドレス。女性らしく、ミステリアスで圧倒的な存在感を放つこの一着は、“習うより慣れよ”の精神で堂々と着こなせるようになってきたかも。

レースドレス／プラダ
ターキーフェザーベスト／オベリスク
バングルバッグ／ノーブランド
リング／アレキサンダー・マックイーン

着やすくて便利で映える！

優秀な黒アイテム

なぜか昔から魔女とかカラスとか黒いものに
惹かれてしまう私。シックなのに映えて華やかで
その上ラク！な魅力に、永遠にくすぐられています。
そんな私が信頼する4アイテムをご紹介。

Yohji Yamamoto

若い世代にはメジャーなボンディング・スカート。
実はこの厚くてハリのある生地は体型をカバーするので
大人にも最適。シックな黒ならはきやすいはず！

MIU MIU

肌を隠すより“透かす”ほうが私は好き。
ブラックシアーのアウターは体型や肌質を
目くらましつつ、洒落感も醸せるわね。

Useful Black Items

ALAÏA

重いコートがクローゼットの奥で眠る一方、あったかくて軽い、
さっと羽織れるアウターの出番は多くなるばかり。
寒い冬空の下でも足取り軽く、Let's go！

RALPH LAUREN

可愛らしいフレアのレイヤードとドット柄も黒なら
大人な雰囲気に。ウエスト部分を胸位置まで上げて
ワンピースとして着るなど、着方で表情を変えています。

Refreshing FASHION

Chapter 2

好きなものは、好き。でも“新鮮”でいたい

好きなもの、似合うものが分かってきた今、
服選びはお手のものよ(笑)。
手持ちの服がどう活きるかが、洋服を買う時の
ジャッジの基準。服にたくさん携わってきた中で、
自分の専売特許を見つけたのかもしれません。
でも、新しいものに挑戦して、アップデートすることも大事。
この先の自分を作れるのは、今日の新鮮な私なんだから♡

変わらないこと

帽子は
ベストパートナー

「スマホは忘れても帽子は忘れない！」というくらい、
私のファッションには欠かせない帽子。
お洒落に仕上がるのはもちろん、いつもの服も
違った見え方になるという嬉しい効果も♡
年ごとに、マイブームな帽子スタイルがあるけれど、
最近は髪を帽子の中にくるくるっとまとめたり、
ヘッドドレスのように付けたりして楽しんでいます。

コーディネートの楽しみが広がる
帽子は、もはや体の一部！

ストローハット／シャネル
オールインワン／セオリー
リング／ルイ・ヴィトン

Spring & Summer

【 春夏のお帽子 】

春夏はカンカン帽など見た目も涼しげな
ストロー素材を愛用。デコラティブな
デザインでも軽快な印象だから、
普段使いできるのが魅力。コンパクトな
サイズのものは、ヘッドドレスとして
アクセサリー感覚で楽しみます。

変わらない
こと

秋冬になるといろんな場面で活躍する
中折れハット。洋服に合わせやすい
デザインなので、いつの間にか
いろいろなブランドや色が集まっていました。
チュールがあしらわれたディオールの
キャスケットは、エレガントにもカジュアルにも！
同色のコットンとレザーのものを使い分けています。

Autumn & Winter

【 秋冬のお帽子 】

楽そうに見えて、実は女らしさを漂わせる裏腹系

ワンピース／ヨウジヤマモト
厚底サンダル／ジバンシィ
イヤーカフ、リング／作家もの
バングル／ティファニー

変わらない
こと

ノースリーブ
ワンピースは
“危なさ”が好き

楽だけど、危ない。ノースリーブワンピースって簡単で難しいという両極を併せ持つ服。一枚で楽にお洒落の出来上がり！ 誰でも似合う安心感は最高。でもワンパターンになってしまうのが落とし穴‼ たまにはいつもと違う色を選んだり、髪型を変えたり、大きなアクセサリーをしてみたら、あーら不思議⁉ とびっきり女らしさを醸す服。この危なさにずっと惚れているのかもね♡

完璧な一着を求めて、
私の好みを狙い撃ち！

衿ぐりや袖ぐり一つで体型の魅せ方が変わるのもノースリーブワンピースの特徴。私はインドで、自分に似合うお気に入りの形のワンピースを何枚も作りました。

変わらない
こと

今、本当に
似合うようになった
サングラス

サングラスも私のファッションには欠かせません。
眩しさ対策というのは当たり前だけど、日々の装いの
気分転換にも、お洒落度を上げるブーストアイテムにも、
すっぴん隠しのカモフラージュにも（笑）！
若い頃に比べると、サングラスが持つ貫禄感が
イイ塩梅で、今、似合ってきたなとも感じます。
“サングラス・アディクト”は、これからも続く♡

顔立ちをキリッと印象づける
フォックス型を愛用中

サングラス／バレンシアガ
水玉ワンピース／
ヴィヴィアン・ウエストウッド
アングロマニア
赤いチュールスカート／コムデギャルソン
タイツ／ノーブランド

サングラスはアイテム自体のインパクトが強いけれど、かけると顔の印象を引き締めて、コーディネートのアクセントにもなってくれる頼もしい味方です。目尻にかけてつり上がるフォックス型が永遠のマイブーム。1.バレンシアガ　2.ロエベ　3.レイバン　4.タリアン

新しく軽やかに！
旬な足元で闊歩します

ブーツ／プラダ
ミッキーマウスのスウェット／
マーク ジェイコブス
迷彩スカート／ヨウジヤマモト
頭にかけたサングラス／
バレンシアガ
バングル／ティファニー
リング／すべて作家もの

進化したこと

最近心を奪われている厚底靴

ファッションで時代を感じさせるのは足元かもしれません。あまりに時代差があると自分でもしっくりこなくて、なんだか気分も上がらなかったり……。そんな私が一歩踏み出して、足元のアップデートに迎え入れたのが厚底靴。ヒールLOVERの私にとってこのチョイスは自分でも意外だけど、履きやすさと、コーディネートが新鮮になる魅力を知ってからは、もう手放せない！

履いたのはこちら！

PRADA

足首やすねをほっそり見せてくれるサイドゴアブーツ。合わせはロングスカートでもミニでも。季節も問わないオールマイティーな一足！

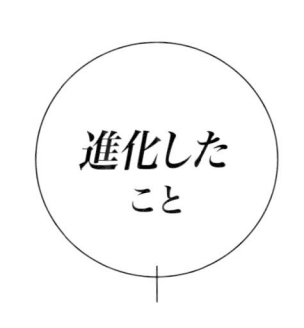

進化したこと

My Favorite Shoes!

PRADA

パテントレザーが艶やかなプラダのシューズもお気に入り。
レースアップはローヒールならクラシックな印象ですが、
マキシソール（厚底）ならたちまち旬の顔に。メゾンブランドが
仕掛けるトレンドの罠にハマるのも楽しいもの♡

GIVENCHY

厚底なのに軽くて歩きやすい！　フラットシューズを履くよりも楽かも。
気に入りすぎて黒のマットとシャイニー、さらに白まで購入しちゃったの。

BALENCIAGA

洋服の印象をガラリと変えてくれるユニークな厚底ミュール。
ロングワンピースやワイドパンツなどボリュームのある服もこの一足でバランスよく。

進化したこと

思い出を重ねた
レイヤードの集大成

私はコーディネートを決める時、服をどんどん重ねて満足した後に、
バランスを見て引き算もして完成させるの。同じ柄を合わせてセットアップの
ように着たり、ミニスカートにチュールスカートを加えて印象を変えたり。
お洒落の幅が広がるのはもちろん、一番嬉しいのは、いろんなシーンが
思い出されること。私にとってファッションは、
香りや音楽のように、思い出が蘇ってくる「常に触れていられる有形財産」。
レイヤードは、自分が生きてきた日々を語る歴史なの。

1泊旅行にもレイヤードテクニックが活躍！

ジャケット＆スカートのセットアップの下にノースリーブワンピースを着て出発。軽めのアウターを羽織ったり、ホテルではワンピースだけにしたり、時にはカーディガンも合わせたり。工夫によっては５変化にも！

年代もブランドも違うのに重ねると表情を増すチェックの魔法

ジャケット／キャピタル
ワンピース、ブーツ／ジルサンダー
ハット／アキオ ヒラタ オウコ
ストール／ノーブランド
バッグ／シャネル
バングル／ティファニー
リング／ともに作家もの

着づらくなったミニワンピースは
チュールスカートを足して可憐に復活を

ニットワンピース／アライア
ナイロンチュールスカート／
コムデギャルソン
サンダル／ジルサンダー
ストローハット／アキオ ヒラタ オウコ
パールリング／作家もの

進化したこと

My Favorite Tulle Skirt

1

2

レイヤードに活躍するチュールスカート

3

『セックス・アンド・ザ・シティ』のキャリーのスタイルを改めて見て刺激を受けたのがきっかけ。脚もキレイに見せられるし、躊躇しないでトライしてみて！　1.コムデギャルソン ガール　2.コムデギャルソン　3.ブランド不明

My Masterpiece

xxx

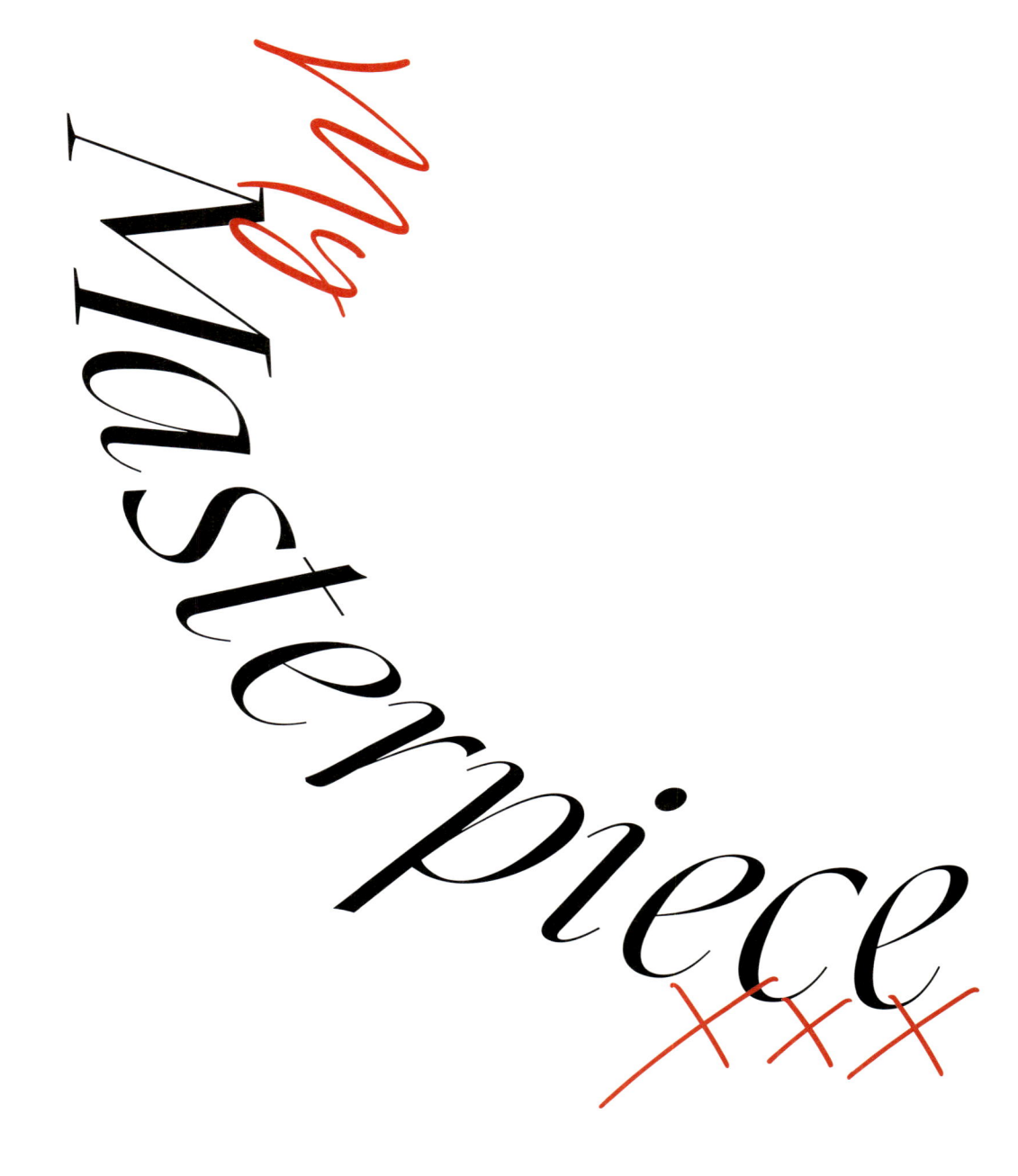

Chapter 3

私を育ててきた永遠の名品

パートナーからエルメスの「ケリー」を
贈られたものの、“まだ似合わないかな……”と、
しばらく使えなかった20代の頃の私。その後、
子どものお祝いごとや着物を着る機会が増え、
次第にファッションに取り込めるように。私にとって
永遠の名品とは、年々自分のキャラクターに馴染んでいくもの。
時代を超えて私を育ててくれる、タイムレスな相棒なのです。

HERMÈS

1 ファースト・エルメスのケリーバッグ

私のファースト・エルメスは「ケリー 32」。黒のボックスカーフが醸すクラシック感や風格は、人生の経験値が上がるほどに自分の愛用品として馴染んできました。着物にもドレスにも合わせやすい、一生物です。

2

エルメスのオーダー・バーキン

クロコの「バーキン 30」はスペシャルオーダーしたもの。表は赤、内側とパイピングはピンクを選び、H.Mのイニシャルを。バーキンは容量が大きく、底鋲があるから床置きもでき、長年使ってもとにかく丈夫。使い勝手が素晴らしいの。

3

エルメスのお気に入りクロコ

エルメスの黒いクロコは艶やかなのに品があり、「バーキン 35」「ミニケリー」「ベアンスフレ」と揃えています。多少の傷なら目立たないのも気が楽なのよね。バッグインバッグをすれば、お仕事→ディナーといったシチュエーションの変化にも対応。

4

コムデギャルソンのワンピース

ミス・ユニバース日本代表に選ばれた時に着ていたワンピースなので、驚きの46年もの！ 時代を選ばないサイジングやシルエットだから、その後も長く愛用してきました。ブラウジングして丈を調整したりと、表情を変えて楽しめるの。

COMME des GARÇON

TIFFANY&CO.

5 ティファニーのボーン カフ

この２つは、私にとってのアミュレット（お守り）。シルバーはパートナーからのサプライズ出産祝い、ゴールドは彼の最後のクリスマスプレゼント。シルバーのほうが合わせやすく出番が圧倒的に多いけれど、華やかさをアップしたい日はゴールドの出番です。

MAYUMI MURASAWA

6 マユミムラサワのリング

「ティファニーのバングルに合うかも」と、中目黒のセレクトショップ、ミナモで購入しました。エイジングが気になってきた手元には華奢なリングよりも、このくらいボリュームがあるほうがグッドバランス♡

CHANEL

7 シャネルのチェーンバッグ

シャネル特有の黒やゴールドの質感がずっと好き。アクセサリー代わりになるので、いろんなコーディネートに合わせます。斜めがけでカジュアルに持つのが私流。

8

ジルサンダーの
スーツ

ホールド感のある男性的な仕立てでも女性らしさが香りたつ、ジルサンダーの絶妙なセンスを愛しています。このマニッシュなスリーピースも大好き。ジャケットの下は、素肌にベストを着て肌感をキープ。

JIL SANDER

9 セオリーのスーツ

「キャリアウーマンのための服を」をモットーにデザインされたセオリー。脚を長く美しく魅せてくれる効果は抜群です。ハンサムな白のダブルのスーツは、お洒落の気分転換をしたい時に活躍！

Theory

Christian Louboutin

10

クリスチャン ルブタンのパンプス

実は自分の足の形に一番合うのがルブタン。シックからパンチのある物まで、一時期ルブタンの虜♡になっていました(笑)。「履かないかな」と思う個性的なデザインも、パーティーで活躍！ いくつになってもハイヒールは素敵よね。

Enjoy!!
YOUR EVENTS

Chapter 4

イベントごとは本気で遊んで♡

人と会うことが好きな私は、コロナ禍で外に出かけられなかった時期が本当にキツかったわ！　だから今、旅に出たり、お芝居を観たり、プチパーティーをしたり……イベントごとを楽しむ時間がとてもハッピーなの。

もちろんお洒落はマスト。ちょっとエッジを効かせて遊びましょ。見慣れたワードローブも違った景色に見えてくるわ！

大人の皆様、お洒落を楽しみながらお出かけあそばせ♡

Event_1

旅

旅のコーディネート計画もお洒落の醍醐味

20代の頃に撮影で、トランク一つで、シルクロードを1ヵ月間旅したことがありました。当時の写真を見ると、現地調達した服を取り入れて着回しを楽しんでいる私がいるのよね。そんな旅スタイルは今も健在♡ 荷物は少なくしたい、でも旅先の空気感に合ったお洒落がしたい！という願望が、私のレイヤード術をバージョンアップさせます。

1泊2日なら、旅先で着る服は〝持たずに重ね着〟することも。薄手のワンピースの上にカーディガン＋スカート＋ジャケットを重ねて、小物をいくつか持っていけば何通りものスタイルが完成！ リバーシブルや2〜3WAYで着られる服はサプライズ感があって、大好き。トップスやワンピースの前後を反対にして着たり、クローゼットの奥で眠っていた物を組み合わせたり。旅はもちろん楽しいけれど、旅をきっかけに新鮮なお洒落を見つけることが、一番の気分転換なのかもね。

スーツケースはこちら！

Front

Back

ステッカーやバッグチャームでカスタマイズしたグローブ・トロッター。大きいスーツケースはリモワを愛用。

PACKING LIST

1泊2日の国内旅行・持ち物リスト

モノトーンアイテムでまとめれば着回しも簡単！

A.B.ハリ感のある生地で移動中のシワが気にならない、ポール ハーデン シューメーカーズのセットアップ。コットンに白シフォンが重なったスカートで軽やかな印象に。**C.**ツヤがきれいなマスナダのワンピースは一枚でも艶っぽくキマり、薄手素材なので上に重ね着しても着膨れしないという便利さ！ アシンメトリーな裾のデザインが前と後ろで違うので、前後を反対に着て２度ウマなスタイリングを楽しんでいます。**D.**ワンピースだけでは少し肌寒い時に羽織るカルソンのカーディガン。**E.F.**巻き方次第で印象操作できるストールは必須。**E**はルイ・ヴィトン、**F**はコロンボ。**G.H.**帽子は、昼は白の中折れハット、夜はモードな黒ファーと使い分け！ **G**はミスジョーンズ、**H**はアキオ ヒラタ オウコ。**I.**実用的なのはもちろん、アクセサリーとしても映えるシャネルのリュック。**J.**シンプルなのに上品。ディナータイムの相棒、メゾン マルジェラのサンダル。**K.**動きやすさ抜群のプラダのスニーカー。旬の厚底なのでコーディネートを新鮮に見せてくれる効果も♡

Manda's Mix&Match

萬田流・旅着回し３変化！

※各アイテムのブランド名は前のページをご参照ください

Day 1 / Daytime

ワンピースの上にスカートを重ねた
リラックススタイル

H＋F＋D＋C＋B＋I＋K

Day 1 / Nighttime

ワンピースを主役に、小物で
華やかさを足して艶やかに変化！

G＋E＋C＋J

こちらのアイテムもオススメ！

1.肩にかけてショールに、手で持ってマフに使えるオベリスクのファーベスト。2.ワンピースを辛口に魅せるレザーのボレロ（知人作）。3.一点で強アクセントなアライアのベルト。4.小さく収納、大きな存在感！ メタル感がクールなアレキサンダー ワンのバッグ。

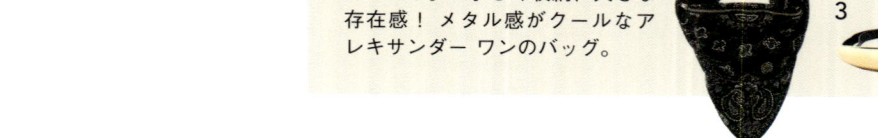

Day 2
Daytime

重ね着しても軽やか！
なのはショート丈の
ジャケットのおかげ♡

H＋A＋C＋B＋I＋K

スーツケース／グローブ・トロッター
時計／ブルガリ
タイツ／ノーブランド

Event_2
友人との集まり

〝らしさ〟を大切に、振り切った装いを

私のＬＩＮＥには「発酵美熟女軍団」やら「歌舞ＫＩ♡者たち」、「Ｔｅａｍａｎｄａブッキーズ」と、おかしな名前のグループがいくつかあります。時間を自由に使えるようになってきた人たちの集まりで、〝人生は楽しみましょ！〟っていう生き方が似ているの。そんな友人たちとの集まりを〝イベント〟にして、〝ドレスコード〟を決めて遊ぶのも楽しみの一つ。やっぱり誰もが、コスプレしたいんじゃない（笑）？

そういう意味では、ドレスコードって、日常で派手な格好をするエクスキューズになるのよね。普段はＴＰＯを心掛けているお洒落も、この時ばかりはテーマ優先の組み合わせで、手持ちの洋服の、今までと違う魅力に気づくことがあったり。ほら、たまにないかしら？「服はあるのに、着たい服が見つからない！」っていう時。ドレスコードが決まると、「あ、これ意外と使えるかも！」なんて、出番少なめだった服にもスポットライトが当たるの。

昔はパートナーも一緒に、ドレスコードを設けてパーティーを楽しんでいましたね。彼はそんな遊びの面でもアイデアマンで、男女が入れ替わる「ス

イッチコーデ」の企画もしてくれたの。私はマニッシュなスーツに得意の中折れハット、そして髭を付けて行ったことを覚えています。

ドレスコードのルールで大事なのは〝普段以上、コスプレ未満〟であること。「イタいよね〜」なんて言われてしまう奇抜さでなく、「さすがね！」って言われる洒落感をキープすることが大事!! そのために必要なのは、自信を持って「これが私よ！」と言える〝自分らしさ〟と、あとはやっぱり〝慣れ〟じゃないかしら。普段からいろんなアイテムや着こなしに挑戦しながら、自分の魅せドコロが分かっていたり、少しばかり目立っても堂々と着られるモチベーションが育っていたりすれば、素敵にお洒落の花が開きます♡

1

2

3

1.桜の集まりには桜に負けない、ビビッドピンクで。2.テーマがデニムの時はデニム風の着物で意表をついたお洒落を。3.派手コーデを思いっきり楽しめるSATC会。私はキャリーよ♡

セットアップ／カレンソロジー
インナー／ノーブランド
パンプス／クリスチャン ルブタン
ハット／エイチ.エイティー ブラックレーベル
イヤリング／シャネル
バングル／ティファニー

ドレスコードのテーマが“ハンサム”なら……

マニッシュなスーツは私の王道スタイル。
帽子の中に髪の毛をキュッとまとめ上げれば、
よりハンサムなスタイルの出来上がり。
デコルテをバランスよく見せ、ルブタンのピンヒールで
女性らしさを醸し出しましょう。

ドレスコードの
テーマが
“ディズニー”
なら……

夢と魔法の世界観に浸って!!
クローゼットを眺めていたら、偶然
見つけた赤地に白ドットのトレンチ。私の助っ人、
チュールスカートを重ね、メゾンブランドの小物を
トッピングしたら、大人のバウンドコーデ(※)が完成。

※バウンドコーデ＝キャラクターをイメージしたファッションコーディネートのこと

トレンチコート／ルイ・ヴィトン
中に着たドット柄ワンピース、
チュールスカート／コムデギャルソン
スマートフォンケース／シャネル
ラバーミュール／バレンシアガ
パールイヤリング／ノーブランド
カチューシャ／東京ディズニーランドにて購入
タイツ／ノーブランド

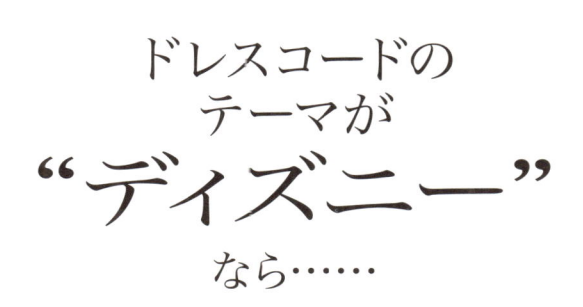

Red or Pink?

Chapter

5

大人の女性なら もっと気楽に赤とピンクを

モノトーンが私のシンボリックカラーだとしたら、

色気、情熱、高揚感を解放してくれる色が、

赤とピンク。

本能をくすぐるエモーショナルな発色は、

着る人も見る人もドキドキ♡

赤とピンクが私たちの味方だってこと、忘れてない！？

みんなでこぞって女子力アップしましょ。

女性らしさが際立つ赤

背伸びして生きてきた私にとって、大人の赤はずっと憧れでした。差し色から始めて、今は全身で纏えるように。マダム世代の女性らしさも際立ちます。

視覚作用が強い赤は
シンプルな着こなしを

ワンピース／
エス マックスマーラ
バッグ／エルメス
サンダル、手首に巻いた
ストラップ／アグ
サングラス／
アリス アンド オリビア

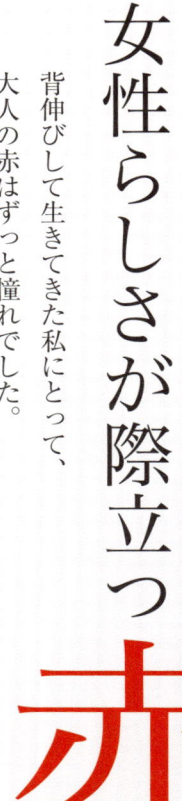

赤×黒のコントラストが
ミニ丈を大人モードに昇華

チェックのセットアップ／
バレンシアガ×
コムデギャルソン ディエチコルソコモ
ニット、タイツ／ノーブランド
ニーハイブーツ／
アン ドゥムルメステール
ループタイとして使用したチェーン／シャネル
バングル／アライア

Red

Pink

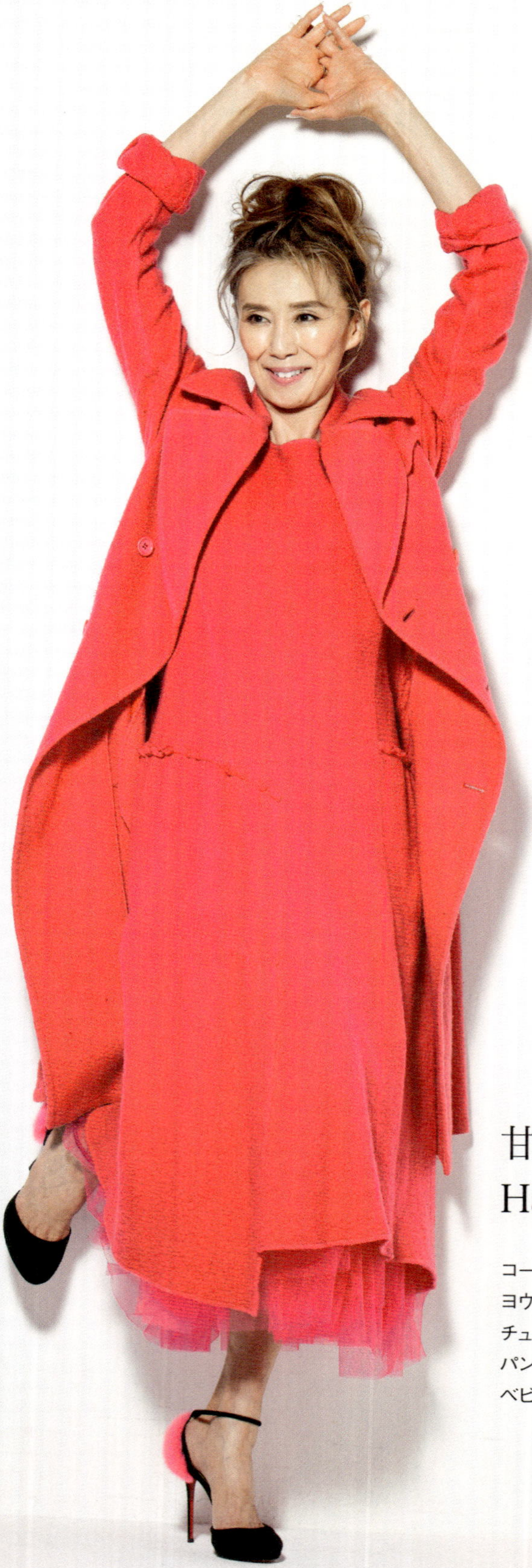

甘すぎないピンクを重ねた Happyで大人な着こなし

コート、ワンピース／
ヨウジヤマモトプリュスノアール
チュールスカート／ノワール ケイ ニノミヤ
パンプス／クリスチャン ルブタン
ベビーパールネックレス／作家もの

大人ならではのピンク

華やかで可愛気があって、色っぽいのに優しい。
ピンクは、着る人も会う人も幸せ感で包みます。
赤は愛の色、ピンクは恋の色ってところかな♡

Manda's *Red*

色っぽくてお洒落！な
いい女のブーストアイテム

2

3

1

4

5

6

1.これを着ていくと「お洒落してきてくれたんだ！」と喜んでもらえるプラダのドレス。2.クロコレザーのリッチな風合いを赤がさらに高めるエルメスのミニケリー。3.深紅の別珍とクラシカルなデザインのコート。自由が丘にあるセレクトショップで購入。4.やっぱりルブタンは赤がお得意。女っぽさとスパイクスタッズの攻め感でセクシーな足元に♡ 5.深い色みと太めのヒールがエレガントなプラダのパンプス。6.アディダスの古着のジャージーはボリュームスカートやワンピースのハズしアイテムとして活躍！

Manda's
Pink

ピンクとのマリアージュは
成熟していくこれからの楽しみ♡

1

2

3

4

5

6

7

1.20代で購入したトリココムデギャルソンのニット。サーモンピンクはいくつになっても着たい可愛さ。2.ピンク好きの私を虜にしたツインセットのカーディガンはいい差し色になります。3.10年ほど前にいただいた帽子。お洒落経験値が上がった今こそ活躍♡
4.気品漂うジルサンダーのセットアップ。5.ドルチェ＆ガッバーナのヒールで足元を印象的に。6.横顔が美しいジルサンダーのヒール。7.ベルシュカのハイヒールはプラットフォーム型。

Pleasant Time with Outerwear

Chapter

6

重ねたり、
ドレスみたいに着たり、
アウターは
楽しみのひとつ

四季それぞれのファッション。私は秋を迎えるのが楽しみ。

なぜって、大好きなアウターを着られるから！

羽織るだけじゃなく、アウターの上にアウターを重ねてみたり、

コートのウエストをキュッと絞ってドレスのように着てみたり。

着こなしの工夫次第で、

手持ちのアウターが鮮やかに変化！

これも固定観念を取っ払う“萬田流”シャレ技なのです。

オーソドックスな組み合わせを裏切るMIXスタイリング

洋服を愛してきた私たちだから、クラシックなコートをエレガントに着るのはお手のもの。だからもう一歩踏み込んでテイストが全く違う服とのコラボレーションを楽しんでみない？ メタリック素材とカシミアもその一つ。意外なケミストリーを引き出すこと間違いなし♡

コート、パンプス、スマホホルダー、
グローブ／シャネル
ニットパーカー、
ノースリーブトップス／カルソン
パンツ／ノーブランド
帽子／ジャックルコー

ファーから
ダウンへ。
It’s changing!

よく着ていた毛皮のコートは、
時代の変化もあり気づけばクローゼットの
奥に。それに代わったのがダウンコート。
理由は暖かさや軽さだけじゃなく、
ショールのように羽織れるボリューム感。
タイトスカートを合わせれば、
全身にメリハリが効いて
スタイルアップも叶います。

ダウンコート／アライア
チェックニット、スカート
／コムデギャルソン
ハット／トミー ヒルフィガー
サンダル／ロジェ ヴィヴィエ
バッグ／ザ・ロウ
チェックタイツ／ノーブランド

コートonコートで
トレンチコーデを
リフレッシュ！

私のワードローブに欠かせない
トレンチコート。流行に左右されない
永遠の定番だけど、たまにはちょっと
遊んでみない!?　薄手のコートと
重ねたり、オーガンジーなど透け感のある
コートと合わせたりすれば、
グッと女前にヘンシーン！
真冬だって楽しめそうでしょ？

トレンチコート
／メゾン マルタン マルジェラ
中に着たチュールトレンチ
／ヴィクター&ロルフ
ワンピース／シーエフシーエル
ワンピースの下に重ねたスカート
／ブラック コムデギャルソン
バッグ／エルメス
サボ／アライア
サングラス／バレンシアガ
バングル／ティファニー
リング／マユミムラサワ

SPECIAL LINING

裏地が傷んでしまったらスカーフで張り替えを

裏地が傷んでしまったり、飽きてしまったら、お気に入りのスカーフや布でリメイク。大切にし続けるための、私流のアップデート術です。

HERMÈS

パートナーとお揃いで購入した思い出のメンズコート

エルメスで、表も裏地も綺麗な色に惹かれて、パートナーとお揃いで買ったメンズのコート。同系色のフェミニンなワンピースに羽織ると、グッと女らしさが香るの♡

薄手のダウンは真冬のお洒落やルームウェアとして活躍

極寒の日にアウターの下に着たり、自宅でカーディガンとして愛用しているダウン。ユニクロとジル・サンダーのコラボ、「＋J」は軽いし洗えてすごく便利。

+J

街角で映える！
ラグジュアリーな
オールホワイト

大人エレガントなオール白。
「挑戦したいけど難しそう……」
と感じたら、ぜひ白のトレンチを主役に！
生地の軽やかさや、袖を捲った時の
こなれ感があるので、
肩ひじ張らずに着こなせるはず。
ウエストは絞って裾を広げると
ドラマティックなバランスに♡

コート／メゾン マルジェラ
オールインワン、バッグ／ジルサンダー
ストローハット／アキオ ヒラタ オウコ
サンダル／ペドロ ガルシア
バングル／ティファニー
リング／ルイ・ヴィトン

Ki
Mo
No
Lover

Chapter

7

マダムになった今改めて気づく着物の魅力

時代劇のお仕事をさせていただく中で、若いうちから
必然的に向き合うことになった着物。あの頃は、
勧められたものや衣裳を着ることで精一杯だったけど、
基本のお作法や自分の好みのバランスが分かってきた今、
自信を持って着物を楽しめているような気がします。
私たちは、着物を嗜むいい時期なのかもしれません。

40代の頃に誂《あつら》えた毛万筋《けまんすじ》の江戸小紋

和装のデザインを手掛けている
友人にアドバイスをいただきながら
40代の頃に京都で誂えた一枚。
シックで渋い文様は、袖を通す回数が
増えるほどにしっくり合ってきたように
感じます。華やかで品のよい
金斗雲《きんとうん》の袋帯でフォーマルに。

Back Style

好みや似合うものが分かってきた世代だから、長く愛せる一着を

30～40代の頃、本当にいろいろな着物を誂えました。海外でのパーティーに参加する機会が多く、ドレスより着物のほうが周りの方に喜んでいただけました。またお茶会では、フォーマルな着方を学ばせていただきました。やはりお茶の先生方の着こなしは天晴《あっぱ》れです。ここではかんざしも指輪もＮＧ……。いつもの「見て見て！」な気持ちは封印（笑）。だからパーティーでは、遊びを取り入れて着物を楽しんでいたのでしょうね。シャンパンパーティーの時に誂えたのは、少し光沢のあるシャンパン色の着物。それに同系色の帯を合わせて、ドレスっぽい仕立てに。金糸や銀糸を織り込んだ着物は、品よく華やかに自分を演出してくれる心強いアイテムです。こうして、ドレスアップシーンで着物をたくさん着ることで、私らしい楽しみ方を見つけてきました。着物こそ〝習うより慣れよ〟ですね。

「こういうのを持っておいたらいいよ」と勧められて買った着物たち。でも結局、自分が気に入って購入したもののほうが愛着が湧くんですよね。たとえば私は、着物や帯の文様に込められたストーリーに触れて、その着物や帯に惹かれることが多いかもしれません。自分の好みや似合うものが分かってきたマダム世代であれば、自信を持って、これから長く愛せる一着を仕立てられるんじゃない？　昔誂えた着物には「もう着られないかな」と箪笥の肥やしになっているものも多いのですが、もしかしたらいつか袖を通す日がくるかもしれません。今の私がお洒落の経験値を活かして、着物にバーキンやケリーを合わせて自分らしく着こなしているように、そのうち、当時の手頃な着物も上質な帯を締めて上手にコーディネートができるんじゃないかしら？

Private Style

自分の中でストーリーを描き、シーンに合わせて纏うと印象がガラリと変わるのが面白い！ 花火大会では、花火の刺繡が入った着物にコルセットのような帯でロックな雰囲気に。お花見にはあえて桜の模様を選んだり、純白の着物を楽しんだりする日も♡

帯を替えて楽しむ遊び心も

Back Style

モダンで辛口なスタイリングを楽しめる「カプキ」の着物は最近のお気に入り。洋服で着慣れたモノトーンだから、着物でも着やすさを感じます。ラメ入りや、カラスなど大胆な模様の帯で印象が変わるのも刺激的♡帯締めは「道明」のものが多く、金、銀、黒と揃えました。まだまだ新しいものと出会えそう！

BEAUTY & HEALTH

for Fashion

Chapter

8

お洒落のための美と健康

ミス・ユニバース日本代表という美しい“レッテル”を
貼ってもらったからには「裏切らないように頑張ろう」
と、一所懸命努力してきたかもしれません。
やがて心からときめく洋服たちに出会い、
「美と健康は、お洒落するために必要なもの」と
思うようにもなってきたの。着たい服を着て
心地よく過ごすために、私がコツコツ地道に続ける(笑)
日頃のルーティンをご覧ください♡

about Skin
肌のこと

今を受け入れながら美しく、ね！

肌はどうしたって変化するもの。日々のケアの大切さを、しみじみと感じます。気になりながらも、そこまで深刻になっていたわけではありません。年齢と共にシミやシワができるのは仕方ない！から、できる範囲で楽しく努力したいと思っています。アルコールをやめたのは一番よかったかな。内臓にも行動にも（笑）。やっぱり活性酸素って肌へのダメージが強いわ。それに睡眠の質が上がったことも大きい。〝美肌は夜作られる〟というけど、肌再生に睡眠は本当に大切。飲んでいた頃の睡眠は気絶していただけだったみたいよ（笑）。そしてスキンケアで頼れるのが、「ＨＡＢＡ」のスクワランオイル。保湿力が高く、毛穴や乾燥小ジワを目立たなくしてくれます。インナーケアとしてはビタミンやアミノ酸のサプリを飲んでいます。自分に合うサプリを見つけ、継続するのも大事。身体と向き合って必要なものだけを摂っています。サプリには依存しすぎない！ それより美味しいものを食べるほうが、肌にいいような気がしませんか？

HABAのスクワランオイル

一滴でもよく伸び、しっかり保湿してふっくら肌に。これだけで乳液＆クリーム代わりになる便利さがgood!

←高品位「スクワラン」【30ml】2750円／ハーバー研究所
お問い合わせ先／ハーバー研究所
TEL:0120-82-8080（受付時間9～21時／年末年始を除く）

オールインワン／アーツ&サイエンス

about Food
食のこと

お酒をやめたら食生活が激変！

朝は白湯と塩でスタート。身体に水分を入れると腸が動き出す感覚が分かるの。その後、クリ&モモ（愛犬）の散歩に行き、帰ったらデカフェを飲み、ランチはヨーグルトにフルーツやナッツ、シリアルなどを混ぜて食べるのが日課。毎日食べても飽きないんです。あと干し芋を焼いて食べるのも好き。残ったらもっとカリカリに焼いて細かく割り、瓶に入れておいて、いつでも食べられるようにしています。夜は遅いディナーになることもあるけど、お腹が空いていたらガマンはしません。夜10時でもフレンチを食べます（笑）。逆にランチを多く食べた日は、夜は抜いたり、ホットミルクだけにしたり。ほんとこれも、バランスよね。

でもね、お酒を飲んでいた頃はヨーグルトなんて食べなかった。3年前にソバーキュリアス（※）を始めて断酒してから食生活が変わったんです。飲んでいた頃は「今日何食べる？」より「今日何飲む？」を優先していたから、まずは肝臓と相談。夜更けまでワイ

大好きな人たちとの楽しい外食。こちらは毎年節分に必ず訪れる「銀座ろくさん亭」のヘルシーな和食♡

毎日のランチとなっているヨーグルト。フルーツ、ナッツ、ドライ黒豆などを混ぜて味と食感を変化させます。

ンを飲んで、朝はシャンパンで朝シャン（笑）。
　お酒をやめたきっかけは何だったんだろう？　答えは複雑。「どうして離婚したんですか？」って言われるようなものよ（笑）。ただ、大きなきっかけはコロナ禍かな。家で飲んでるうちに、「あれ、なんか違う。お酒が好きというより、お酒の場が好きだったのかな」って。今はなんだか新しい世界にいるんですよね。自分が新鮮に見えるというか。だけど、いつかはまた飲む日が来るかもね。先日銀座のバーに行ったら、美味しそうなベリーニを出してくださって。「飲もうかな」と一瞬思ったんだけど、自分の中でのルールがセーブしたんですよね。この先びっくりするほど嬉しいこと……う～ん、どんなことかはわからないけど、お酒で乾杯できる日が訪れるかも。それが楽しみの一つになっています。

※ソバーキュリアスとは？――お酒を飲める人、または飲んでも問題ない人が「あえてお酒を飲まない、控える」という選択をするライフスタイルのこと。sober（シラフ）とcurious（好奇心旺盛）が組み合わさった造語で、「シラフへの好奇心を持つ」と意訳できる。

自宅での食事は、野菜多めの“ガパオ”を山盛りキャベツにのせて食べる「ガパオキャベツ」にハマっています。

小腹が空いた時につるっと食べられる「心太（しんた）」のところてん。専用の突き出し器付き。

about Make-Up

メイクのこと

ネイルはukaにおまかせ

３週間に一回の頻度で通っている「uka 東京ミッドタウン 六本木」。メンテナンスの時間になるべく短くしたいので、ヘアとネイルを同時にやっていただいてます。ハンドマッサージも本当に気持ちいいの！　担当はオーナーの渡邉季穂さん。

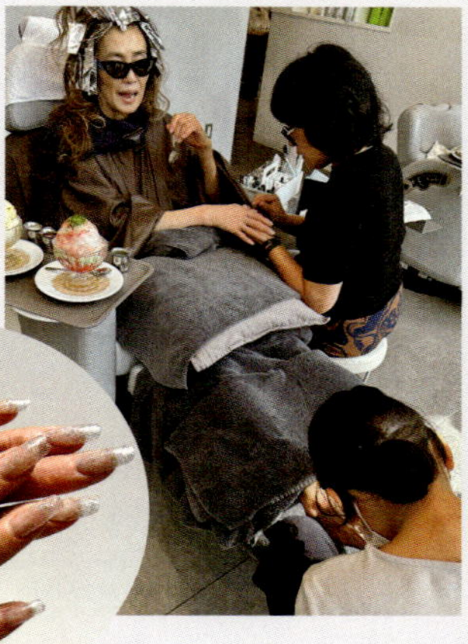

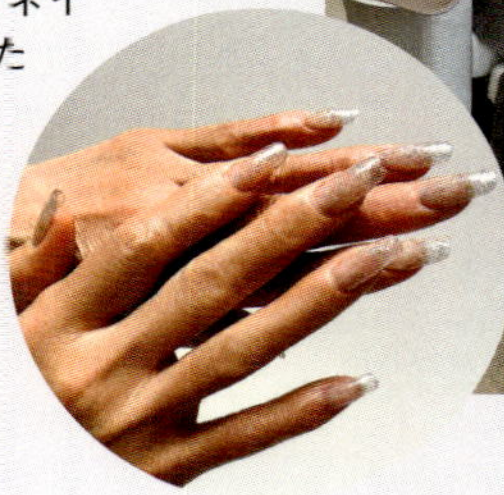

uka 東京ミッドタウン 六本木

㊟東京都港区赤坂9-7-4 東京ミッドタウン ガレリア 2F ビューティー&ヘルスケアフロア
☎03-5413-7236（受付時間8:30〜20:00）
㊢9:00〜20:00　㊡元日

目元と爪先に女性らしさを宿して

赤い口紅、赤いマニキュア＝いい女と思って背伸びしていた頃。その女性像は今も好きだけど、最近は素敵だと感じるものを自由に取り入れています。だからヌーディーなリップもつけるし、ナチュラルなメイクも好き。でも目元は印象づけたいので、つけまつげを愛用しています。近頃はディテールが細やかなものも多く、メイクアップの幅が広がるのでおすすめ♡

そしてネイルも大切。40代の頃、二枚爪になって、髪をかき上げた時に爪が引っかかるようになってしまったんです。ｕｋａのオーナーに「私これからどうなるの？　永遠にサロンに通うの？」と聞いたら、「ご愁傷様です」(笑)と即答。そこから私のお洒落においてネイルケアは欠かせません。ベースはヌーディーカラーのジェルネイル。これなら上にネイルアートもできる。爪は最も人の目に留まるパーツだし、手の所作に女性らしさが宿る気がするのです。

about *Body*
身体のこと

カラダ作りは一日にしてならず……

食べることが好き。洋服が好き。太りたくない、でも食べたい……。じゃあ、どうすんねん！ってことで、いろいろな運動をやっている私。まずジムでは、筋トレ、ランニングマシーン、プールではクロールで1㎞泳ぎ、その後にサウナに入ったり。スイムとトレーニングを合わせて3〜4時間動いたりしてます。運動をする時は必ず、きな粉や胡麻、カカオニブ、ＨＡＢＡのサプリを入れたプロテインを飲んでいます。また、エアリアルヨガも楽しいの！　一見難しそうだけど、ハンモックを使うので自然にバランスがとれ、身体の隅々まで伸ばしながら体幹を鍛えられます。マシンピラティスも続けている運動の一つ。身体に負荷をかけすぎずにインナーマッスルを鍛えられるのが魅力なんです。

洋服が似合うカラダになりたい、と思い始めたのは高校生の頃かな。みんな同じ制服を着ている中で、やっぱりスタイルがいい子のほうが見栄えがするんですよね。それで、キャベツばかり食べるダイエットを1年かけてやりました。今は食べることが大好きだから、食べないで痩せるという選択肢はありません（笑）。
　あれこれ私が運動するのはズバリ、美と健康のため。そして洋服が好きだから。ファッションも健康じゃなきゃ決まらないじゃない⁉　ピンヒールを履くためには鍛えないとって思うし、長年愛してきた洋服たちを美しく着続けたいし、お洒落をするスイッチを入れるための下準備として、日頃から運動しているんだと思います。

長年続けている
エアリアルヨガや
マシンピラティス

ハンモックに身体を預けて重力を味方につけるエアリアルヨガ。マシンピラティスも器具に身体を委ねるから、負担が少なく整う感覚を味わえます。

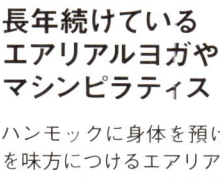

about Hair

髪のこと

髪色を変えたら新鮮な私に！

「元祖かき上げワンレングス女」なんて呼ばれていた私。それは今も私のスタンダード。巻いたりアップにしたりしてボリュームを出せるロングヘアが好きです。年齢とともに髪が細くなってきたと感じた時期もあったんですが、アルコール類をやめたら栄養が行き渡るようになったのか、健康な髪質が戻ってきました。普段セルフマッサージに愛用しているのは「ケンザン」というｕｋａのスカルプブラシ。昔は「レギュラーのブラック」を愛用、今は頭皮が柔らかくなったので「ソフトのピンク」を使っています（バレンタインで男性に贈るとチョコレートより喜ばれますよ）。

そして、ドラマ『グランマの憂鬱』で白髪に見せるためハイライトを入れたのを機にカラーリングを始めました。今はゴールドとブラウンも混ぜています。ハイライトを入れられない人はシルバーのヘアマスカラを使うのもおすすめ。夜会巻きにした時、毛の流れが見えて表情が豊かになるんです。常に自問自答しながら、気負わず新鮮なヘアスタイルを楽しんでいきましょうね。

ワンピース／シーエフシーエル

**4分で巻き髪が完成する
愛用のホットカーラー**

濡れるとかわいそうなぐらい(笑)直毛なんだけど、太めのホットカーラー4〜5本で、4分あればきれいな巻き髪に。日頃の“慣れ”の賜物！

MY *Special* PLACE

Chapter

9

「萬田久子」になれる場所、お見せします

「お洒落しよう」っていうスイッチが入る部屋。

ドレスも靴も、見ているだけでも楽しいもの。

箱にしまって綺麗にとっておくのもいいんだけど、

眺めて気分を上げるっていう魅力も

ファッションにはあると思うんです。

私を「萬田久子」として送り出してくれる、最愛の

宝物が詰まったシークレットルームにご案内。

Manda's Closet

秘密のクローゼット大公開

宝物で溢れる最高の場所 ——

クローゼットに溢れるほどの服とバッグ、帽子たち。全部大切なもの、私が私であるために必要なもの。整理整頓できない時は、可愛い布で目隠ししちゃおう(笑)。

Manda's *Closet*

1

2

3

1.普段使うバッグはヴィンテージのトランクに収納。保存袋に入れると中が見えなくて選びにくいからそのまま。2.ラックに掛けた帽子はシーズンごとに入れ替えます。3.ピンクの扉がお気に入りの収納棚。息子が小さかった頃にペイントした踏み台もまだ健在。

歩いてきた道を振り返り
新しい一日に踏み出す部屋

壁一面ピンクのクローゼットに、ひょっとして皆さん驚かれたかしら（笑）？　ここはセカンドハウスのつもりだったから「思いっきり遊びましょう！」って、当時大好きだったピンクで設えた場所なんです。もともとはメイクルームや雑誌『ＨＥＲＳ』の連載を執筆するインスピレーションを得るための部屋にしたかったんだけど、次第に服やバッグが増え、落ち着くスペースがなくなるくらいに溢れちゃってるの。今やおもちゃ箱みたいになっています。すべての服に愛着があるので「いつか着られる」と思うし、手に取れば思い出が蘇るから手放せないの。人にあげた服でさえ、また会いたくなっちゃうのよね。やっぱり私は服の虜ね（笑）。部屋にはワードローブのほかに、愛する人形や思い出の写真がいっぱい。ここにいると、子どもの頃から今までの自分のヒストリーを振り返れるのかもね。

Manda's *Closet*

私を語る最愛のものがぎっしり詰まってます

シャンデリアや棚は壁のピンクに映える黒。部屋にはブライス、バービー、ベティといったお洒落ドールや、思い出の写真、コスメ類がいっぱい。

ガウン、ワンピース／ナディア
サンダル／カモミッラ

とある日のコーディネート風景

誰とどこに行くのかを考えて、メインアイテムからコーディネート

リラックスできる服で過ごす家時間も、実は大好き。私にとってのリラックスウェアは、「気を抜いた何でもいいもの」ではなくて、自分が心地よくいられる服のこと。外出着のコーディネートを決める時は、その日一日の予定をイメージして、誰とどんな場所で会うのかを一番に考えます。また、オーダーした帽子ができあがったばかりだったらそれに合わせた服を選

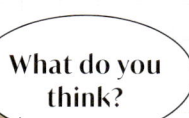

日々のコーディネートは掘り出しもの気分で！

ニット／ポロ ラルフ ローレン（キッズサイズ）
パンツ／ジルサンダー
ハット／シーエム アクセサリー
ローファー／ファビオルスコーニ

ぶとか、その時々のメインアイテムを決めたら、後のコーディネートは早いです。この部屋のいいところは、ドレッサーの大きな鏡とそれに向き合うドアが鏡になっていて、合わせ鏡のように使えること。だから、後ろ姿も抜かりないわ（笑）。

最近あまり着ていないものを取り出し、新鮮な組み合わせができたら、掘り出しものを見つけた気分。このポロのニット（上の写真）もそう。昔のものが活きるコーディネートを見つけた時の幸せったら♡

Special Message

あとがきよ♡

ファッションと共に生きてきた私。

母からの愛情を受け取った時も、芸能の世界に飛び込んだ時も、かけがえのないパートナーと共に過ごした時も、それはいつも隣にありました。お洒落をするということは一見、ハードルが高そう、センスが必要と思われるかもしれません。でも誰もが普段から、自分の意思で服を選び、着ている。当たり前にしている日々のルーティンに少しだけ時間をかけてみましょう。それがお洒落につながります。

お洒落の語源を調べてみると、〝じゃれ〟とか〝しゃらく〟とか、人を笑わせるという意味合いがあるそう。つまりお洒落って、自分が楽しめるのはもちろん、人も楽しませられるもの、ということじゃないかしら？ 〝楽しみたい人、この指とまれ！〟そう考えると、もっとお洒落を楽しめる気がしてきませんか？ 好きなもの、似合うものだって変わっていくはず。自分らしいお洒落探しに、終わりはないですね。

この本を作るにあたり、眠っていた私の洋服たちが目を覚ましたように喜んでいる気がします。手に取っていただいた皆様に、心からの愛を捧げます。

HISAKO KANDA

Special Thanks

ひらこっち、丹ちゃん、しのび、森ちゃん／クリ&モモ
この本に携わってくださったプロフェッショナルな皆様

Staff List スタッフリスト

【 人物撮影 】
吉田崇(表紙、p2-9、chapter1～8、あとがき)、
水野昭子(chapter9)
【 静物&室内撮影 】
水野昭子
【 ヘア&メイク 】
黒田啓蔵(Iris/表紙、p2-9、chapter1～6、8、あとがき)、
福島久美子(chapter7、9)
【 スタイリングサポート 】
森元優
【 取材・文 】
宮原友紀
【 デザイン 】
ムネノコズエ
【 編集協力 】
芝山友美、御代田真澄
【 企画協力・特別協力 】
平子知佳(萬田久子マネージャー)

萬《まん》田《だ》久《ひさ》子《こ》　オトナのお洒《しゃ》落《れ》術《じゅつ》

著 者　萬《まん》田《だ》久《ひさ》子《こ》

2024年10月24日　第１刷発行
2024年11月13日　第２刷発行

発行者　清田則子
発行所　株式会社講談社
〒112-8001　東京都文京区音羽2-12-21
(編集) 03-5395-3408
(販売) 03-5395-5817
(業務) 03-5395-3615

KODANSHA

印刷所　TOPPAN株式会社
製本所　大口製本印刷株式会社

111p 24㎝

 ISBN 978-4-06-536574-8

萬田久子
(まんだひさこ)

1958年大阪府生まれ。短大在学中にミス・ユニバース日本代表に選出され、1980年にNHK朝の連続テレビ小説『なっちゃんの写真館』で俳優デビュー。以来、主演を含む数多くのドラマに出演し、映画、舞台でも活躍。2023年『グランマの憂鬱』では主演をつとめ話題に。長年さまざまな雑誌やメディアで唯一無二のファッションアイコンとして注目され、近年は自身のインスタグラム(@hisako.manda_official)で披露している私服ファッションにファンが多数。